# Grüne Smoothie Rezepte: 39 der besten Rezepte für grüne Smoothies, Detox Smoothies und Säfte

## Inhaltsverzeichnis

# Einführung

Der Schlüssel – und auch die Herausforderung- im Kampf gegen überflüssigenPfunde ist das Finden einer Balance zwischen Kalorienaufnahme und Sättigung. Schließlich ist gesunde, kalorienarme Kost für viele nicht gerade eine Leibspeise.

Aber nicht nur das, man kämpft auch noch mit Hungergefühl und dem Gedanken, dass dieses fade, sehnige Stück Fleisch, das vor einem auf dem Teller liegt, den Hunger stillen soll. Und man kommt zu dem Schluss: Wohl kaum! Die einfach Lösung ist: Gemüse. Sie haben richtig gelesen. Gemüse ist voll mit Ballaststoffen (für ein schnelles Sättigungsgefühl) und hat dabei wenige Kalorien. Das heißt, dass Sie so viel Gemüse essen können, wie Sie wollen. Und das, ohne eine negative Kalorienbilanz aufzubauen.

Kommen wir zum nächsten Problem. Wer bitte schön greift zu Gemüse, wenn man statt dessen einen leckeren Donut essen kann? Des Rätsels Lösung ist, dass Sie anfangen, mit Genuss und Freude zu essen.

Wir bitten die grünen Smoothies auf die Bühne. Viele Menschen greifen in der Diät nach grünen Smoothies, um ihre Gesundheit zu fördern und Gewicht zu reduzieren. Der Konsum gesunder Früchte und Gemüse-Smoothies hat sich als Wunderwaffe für Gewichtsverlust herausgestellt, ohne dabei ein Gefühl des Verzichts zu verursachen. Die geschickte Kombination aus Früchten, Gemüse und gelegentlich Getreide (wie Quinoa) liefert Ihnen einen Kraftschub voller leicht und schwer verdaulicher Fasern, Vitaminen und Mineralien.

## Den Anfang machen

Heutzutage bekommen Sie in fast jedem Supermarkt Bio-Produkte, frisches Obst und frisches Gemüse. Alles, was Sie sonst noch brauchen, ist ein Mixer oder einen Smoothie Maker. Die gängige Meinung für die richtige Balance zwischen Geschmack und Textur ist ein Verhältnis von Obst zu Gemüse in Höhe von 6:4. Sie sollten sich davon jedoch nicht einschränken lassen. Was zählt, ist Ihr Geschmack und Ihre persönliche Vorliebe. Sie können jederzeit einen reinen Gemüse Smoothie trinken- die Menge an Obst wurde für jene erhöht, die Gemüse nicht so gerne mögen.

Sie sind kein Freund von Wasser? Damit sind Sie nicht allein! Und es kommt noch besser: Statt Wasser können Sie auch dickflüssige Alternativen wie natürlichen Joghurt, Milch (pflanzliche) Hafer und Kleie verwenden, um dem Smoothie etwas mehr Konsistenz zu verleihen. Damit ist der Smoothie unter Umständen schon eine Mahlzeit für sich.

Seien Sie offen und experimentieren Sie mit Kombinationen aus Gemüse und Obst, damit Sie Ihre persönlichen Favoriten finden. Abwechslung ist stets eine gute Idee, nicht nur um eine gute Mischung aus Vitaminen und Mineralien erhalten, sondern auch um keine Langeweile aufkommen zu lassen.

Die Grundidee von grünen Smoothies ist entweder, sie als einzelne Mahlzeit einzusetzen, oder als kurze Smoothie Kur für eine bestimmte Zeit (1-2 Wochen). Eine Fastenkur empfiehlt sich nicht für einen längeren Zeitraum, da der Körper dringend Proteine für verschiedene Körperfunktionen bebnötigt.

Daher empfiehlt sich eher der praktischere Ansatz: Ersetzen Sie ein oder zwei Mahlzeiten täglich durch Smoothies. Viele Anhänger von Säften und Smoothies schwören auf ein Smoothie Frühstück, da sie glauben, dass dadurch eine natürliche Entgiftung angeregt wird.

Die folgenden Rezepte sind dazu gedacht, ungeliebtes Gemüse auf einfachem Wege in Ihren Speiseplan zu integrieren und somit Ihre Gesundheit zu fördern. Zusätzlich zum Gewichtsverlust werden Sie feststellen, dass Sie energiegeladener sind und bessere Laune haben. Es werden ausschließlich gesunde Nahrungsmittel und Milch (pflanzliche) verwendet. Gelegentlich werden Sie auf einen Getreide Smoothie stoßen, der im Englischen liebevoll „thickie" (zu Deutsch „Dickerchen") genannt wird.

Genug Geschwafel! Ich bin sicher, Sie können es kaum erwarten, Ihren Mixer anzuwerfen. Viel Spass!

*Anm. d. Übers.: Die Angabe Tasse bezieht sich auf eine kleine Kaffetasse mit 200ml Fassungsvermögen. Da sämtliche Zutaten in Tassen angegeben sind, bleibt das Verhältnis aber erhalten, auch wenn Sie größere Behälter nehmen- bei den Amerikanern zum Beispiel fasst eine Tasse 250ml.*

# Grüne Smoothies ohne Milch

## Bananen-Smoothie

Was gibt es besseres, als den Tag mit dem Urvater aller Smoothies zu begrüßen?

Portion: 1 Glas

Zutaten

- Eine halbe Tasse Wasser
- Eine halbe Tasse mit Eiswürfeln
- Zwei Tassen gewürfelte oder in Scheiben geschnittene Banane
- Eine Tasse klein gehackte Grünkohlblätter

Zubereitung

- Schälen Sie die Bananen und schneiden Sie sie in 2,5 cm dicke Würfel oder Scheiben.
- Wasch Sie den Grünkohl gründlich.
- Geben Sie alle Zutaten in einen Mixer oder Smoothie Maker und pürieren Sie alles solange, bis Ihnen die Konsistenz zusagt.
- Gekühlt servieren.

Variation:

Geben Sie klein gehackte Äpfel dazu. Äpfel helfen bei der Entgiftung des Körpers und ergänzen sich großartig mit den Stoffen in der Banane, die Krebs entgegenwirken.

## Spinat-Salat-Super-Smoothie

Portion: 2 Gläser

Zutaten

- Eine Tasse Wasser
- Ein halber Esslöffel Zitronensaft
- Eine halbe Tasse klein geschnittene Bananen
- Eine halbe Tasse klein geschnittene Äpfel
- Eine viertel Tasse in Scheiben geschnittene Birnen
- Eine halbe Tasse in Scheibchen geschnittener Sellerie
- Zwei Tassen klein gehackte Spinatblätter
- Drei Tassen klein gehackter Salat (Romanasalat)

Zubereitung

- Waschen Sie Früchte und Gemüse gründlich.
- Geben Sie Salat, Spinat und Wasser in einen Mixer und pürieren Sie alles auf kleiner Stufe, bis Sie einen geschmeidigen Brei erhalten.
- Fügen Sie Apfel, Birne und Sellerie hinzu und mischen Sie alles auf hoher Stufe gut durch.
- Zum Schluss geben Sie Banane und Zitronensaft dazu und vermixen alles gleichmäßig.
- Sofort servieren, weil der Smoothie frisch am besten schmeckt.

Variation:

Eine halbe Tasse Petersilie oder Koriander ist eine leckere Variation und macht den Smoothie sogar noch gesünder. Auch Ingwer ist eine Möglichkeit. Insbesondere, wenn Sie es schärfer mögen. Wenn Sie Stiele oder Wurzeln verwenden, achten Sie darauf, diese gut zu zerkleinern. Sonst kann der Motor Ihres Gerätes Schaden nehmen.

Smoothie Pluspunkt:

Dieser Smoothie ist reich an Gemüse, das Sie sonst wahrscheinlich nicht essen würden. Er ist zudem sehr sättigend, was den kleinen Hunger zwischen den Mahlzeiten fernhält.

## Energiebündel mit Kohl und Spinat

Portion: 1 Glas

Zutaten

- Vier mittelgroße Orangen
- Drei Tassen mit Ananasstücken
- Eine Tasse klein gehackter Spinat.
- Eine Tasse Kohlblätter

Zubereitung

- Pressen Sie den Saft aus den Orangen; dieser Saft ist die Basis dieses Smoothies.
- Geben Sie als nächstes Kohl und Spinat dazu und pürieren Sie alles glatt.
- Zum Schluss kommt die Ananas in den Mixer und wird auf hoher Stufe gut unterpüriert.
- Sofort servieren.

Variation:

Sie können keine Kohlblätter am Stück finden? Kein Problem! Nehmen Sie einfach fertigen Grünkohl aus dem Glas. Die Beigabe von Eis macht den Smoothie zu einem exzellenten Durstlöscher.

## Pina Colada Smoothie

Portion: 4 Gläser

Zutaten

- Zwei Tassen Eiswürfel
- Zwei Tassen natürliches Kokosnuss-Wasser (ungesüßt)
- Eine halbe Tasse zerkleinertes Kokosnussfleisch
- Vier Esslöffel entsteinte, getrocknete Datteln
- Vier Tassen Ananasstücke
- Eine Tasse klein gehackte Löwenzahnblätter

Zubereitung

- Gießen Sie zuerst das Wasser in den Mixer und fügen Sie dann nach und nach die anderen Zutaten hinzu.
- Pürieren Sie alles auf hoher Stufe glatt.
- Sofort servieren, solange der Smoothie noch kühl ist.

Variation:

Pina Colada ist sehr vielseitig und kann sehr gut mit vier Esslöffeln Cashewkernen aufgepeppt werden, damit das Getränk etwas nussiger schmeckt und an Süße gewinnt.

Smoothie Pluspunkt:

Löwenzahnblätter schmecken von Natur aus bitter, aber sie spielen in diesem Smoothie eine besondere Rolle: Sie gaukeln den Geschmack von Alkohol vor, obwohl das Getränk absolut alkoholfrei ist!

## Papaya-Minz-Smoothie

Portion: 1 Glas

Zutaten

- Eine Tasse Wasser
- Zehn frische Minzblätter
- Eine Tasse gewürfelt Birnenstücke
- Drei Tassen klein gehackte Spinatblätter
- Zwei Tassen gewürfelte, reife Papaya
- Zwei Esslöffel reife Gojibeeren

Zubereitung

- Geben Sie zuerst das Wasser in den Mixer, und fügen dann Papaya, Birne, Beeren und Minze dazu. Kurz pürieren, dann langsam und Blatt für Blatt den Spinat zufügen.
- Auf hoher Stufe glatt pürieren, ca. 30-45 Sekunden.
- Sofort servieren.

Variation:

Wenn Sie möchten, können Sie die Papaya mit Banane ersetzen. Dann bekommen Sie einen Bananen-Minz-Smoothie.

## Minz-Super-Smoothie

Portion: 2 Gläser

Zutaten

- Zehn frische Minzblätter
- Eineinhalb Tassen Wasser
- Zwei Esslöffel Cashewbutter
- Eine Tasse klein gehackter Spinat
- Zwei entsteinte Datteln

Zubereitung

- Alle Zutaten im Mixer auf kleiner Stufe glatt pürieren.
- Sofort servieren

Variation:

Sie können Eis hinzugeben, um den Smoothie zu einem Durstlöscher zu machen, oder die Datteln mit Agavensaft ersetzen.

Smoothie Pluspunkt:

Ein Minz-Smoothie ist ein hervorragendes Mittelchen bei Magenbeschwerden. Minze wirkt auf natürlichem Wege Blähungen entgegen und kann helfen, die Muskulatur im Darm zu entspannen. Zusätzlich bewirkt Minze ein Sättigungsgefühl und ist ein effektives Entgiftungsmittel.

## Bananen-Avocado-Smoothie

Portion: 1 Glas

Zutaten

- Eine halbe, reife Avocado
- Eine Tasse natürliches Kokosnuss-Wasser
- Eine halbe Tasse Kokosnussfleisch
- Die Hälfte einer mittelgroßen Salatgurke
- Eine Limette
- Eine Tasse Babyspinat
- Eine Tasse in Scheiben geschnittene, unreife Banane
- Eine Tasse Mangoldblätter

Zubereitung

- Waschen Sie Gurke, Spinat und Mangold gründlich, zerkleinern Sie die Blätter und schneiden Sie die Gurke in 2,5 cm grosse Würfel.
- Löffeln Sie das Fleisch der Avocado aus. Schale und Kern können Sie wegwerfen.
- Mixen Sie Mangold, Spinat und Kokosnusswasser cremig.
- Fügen Sie die restlichen Zutaten hinzu und pürieren Sie die Mischung glatt.
- Geben Sie den Smoothie in ein Glas und trinken Sie ihn sofort.

Variation:

Für eine erfrischende Note können Sie Minzblätter hinzufügen. Ein wenig Honig oder ein mittelgrosser Apfel (entkernt) geben dem Smoothie etwas mehr Süße.

## Kokosnuss Smoothie

Portion: 1 Tasse

Zutaten

- Eine halbe Tasse Eiswürfel
- Eine Tasse Kokosnusswasser
- Eine Tasse Kokosnussfleisch
- Ein Teelöffel Honig
- Eine Tasse Grünkohlblätter (klein gehackt)
- Eine Tasse in Scheiben geschnittene, reife Banane

Zubereitung

- Geben Sie erst das Kokosnusswasser und das Eis in den Mixer und fügen Sie dann langsam die restlichen Zutaten hinzu. Pürieren Sie die Mischung glatt.
- Sofort servieren.

Variation:

Ein Teelöffel mit Chiasamen sowie etwas Gerstenpulver geben diesem Smoothie mehr Konsistenz.

Smoothie Pluspunkt:

Kokosnuss ist von Natur aus eine leicht verdauliche Frucht, deren Nährstoffe schon im Magen aufgenommen werden.

## Fruchtiger Smoothie

Portion: 1 Glas

Zutaten

- Eine Tasse Wasser
- Eine Tasse Birne, in Würfel geschnitten
- Eine halbe Tasse gemischte Beeren (Erdbeeren, Himbeeren, Blaubeeren)
- Eine Tasse gewürfelte Banane
- Eine halbe Tasse Spinatblätter
- Eine halbe Tasse klein gehackte Grünkohlblätter

Zubereitung

- Mixen Sie als erstes Wasser, Spinat und Grünkohl im Mixer zusammen.
- Geben Sie nach und nach die restlichen Zutaten dazu und pürieren Sie alles glatt.
- Sofort servieren.

Variation:

Sie können je eine halbe Tasse Wasser und Eis dazugeben, um ein erfrischendes Getränk zu erhalten. Eine Prise Zimt gibt dem Smoothie eine überraschende Note.

Smoothie Pluspunkt:

Beeren gehören zu den wirkungsvollsten Antioxidantien, die die Natur zu bieten hat. Sie verlangsamen den Alterungsprozess und helfen beim Kampf gegen Krebs.

## Smoothie mit grünen Superkräften

Portion: 1 Glas

Zutaten

- Eine halbe Tasse Eiswürfel
- Eine halbe Tasse Wasser
- Eine halbe, reife Avocado
- Eine halbe Tasse Rosenkohl
- Eine halbe Tasse klein gehackte Spinatblätter
- Eine halbe Tasse klein gehackter Grünkohl
- Ein mittelgroßer Apfel

Zubereitung

- Geben Sie erst Wasser, dann Rosenkohl, Grünkohl und Spinat in den Mixer und pürieren Sie das Gemüse glatt.
- Fügen Sie Eis, Avocado und den ungeschälten, klein geschnittenen Apfel dazu. Gründlich mixen.
- Sofort gekühlt servieren.

Variation

Für mehr Konsistenz können Sie Chiasamen beimengen oder Brokkoli, wenn Ihr Smoothie noch grüner werden soll.

Smoothie Pluspunkt:

Rosenkohl ist eines der seltenen Gemüsesorten, das reich an Proteinen ist. Das macht diesen Smoothie zu einem zu einem idealen Diätbegleiter.

## Einfacher grüner Smoothie

Portion: 1 Glas

Zutaten

- Eine Tasse Wasser
- Eine halbe Tasse Salatgurke
- Eine halbe Tasse Apfel
- Eine halbe Tasse Banane

Zubereitung

- Schälen und schneiden Sie Apfel und Banane.
- Schneiden Sie die Gurke mit Schale in Stücke.
- Geben Sie das Wasser, dann die Zutaten in den Mixer und pürieren Sie alles glatt.
- Sofort servieren.

Variation

Wenn Sie eine halbe Tasse Wasser durch Eis ersetzen, wird der Smoothie sogar noch erfrischender.

Smoothie Pluspunkt:

Dieser Smoothie ist einfach und günstig zuzubereiten, wird Sie aber dennoch dank der Gurke gut sättigen. Ideal für Diäten!

## Sommer Smoothie

Portion: 1 Glas

Zutaten

- Eine halbe Tasse Wasser
- Saft einer halben Limette
- Das Fruchtfleisch einer halben Avocado
- Zwei Tassen Wassermelone, gestückelt
- Zehn Minzblätter
- Zehn Basilikumblätter
- Eine halbe Tasse in Scheibchen geschnittene Gurke
- Zehn Korianderblätter

Zubereitung

- Entfernen Sie die Kerne aus der Melone und schneiden Sie sie in 2.5 cm große Stücke.
- Geben Sie das Wasser in den Mixer und fügen Sie nach und nach die restlichen Zutaten hinzu. Glatt pürieren.
- Sofort servieren.

Variation:

Eine halbe Tasse mit Haferflocken sowie ein halber Teelöffel Fenchelsamen erhöhen den Sättigungsgrad dieses Smoothies.

Smoothie Pluspunkt:

Wassermelone und Gurke bestehen größtenteils aus Wasser und sind daher sehr sättigend. Das zusätzlich aufgenommene Wasser tut Nieren und Blase gut.

# Grüne Smoothies auf Milchbasis

Sie mögen Ihren Smoothie mit einem Schuss Milch? In den nachfolgenden Rezepten finden Sie fettarme Alternativen zu tierischer Milch.

## Tropischer Grünkohl Smoothie

Portion: 1 Glas

Zutaten

- Eine Tasse natürliche Kokosnussmilch
- Eine halbe Limette (Ohne Schale)
- Eine halbe Tasse Bananestücke
- Eine mittelgrosse Mango
- Drei Tassen Grünkohlblätter

Zubereitung

- Schälen und schneiden Sie die Mango und pressen Sie die Limette aus. Dann geben Sie die Kokosnussmilch in den Mixer.
- Banane dazu und kurz pürieren.
- Geben Sie langsam den Grünkohl dazu und pürieren Sie alles auf hoher Stufe.
- Nach ca. 30 Sekunden sollte der Smoothie trinkfertig sein.
- Sofort genießen oder vorher kurz kalt stellen.

Variation:

Für einen Frischekick können Sie den Smoothie in ein Glas mit Eiswürfeln gießen (aber nicht mitpürieren).

## Vanille Zucchini Super Smoothie

Portion: 1 Glas

Zutaten

- Eine Tasse pflanzlicher Milch nach Wahl
- Zwei Esslöffel Pekannüsse und getrocknete Datteln
- Ein halber Teelöffel Vanilleextrakt
- Eine Tasse klein geschnittene Zucchini
- Eine Tasse Babyspinatblätter
- Eine kleine in Scheibchen geschnittene Banane
- Eine Prise Salz

Zubereitung

- Geben Sie die in Scheiben geschnittene, ungeschälte Zucchini, den Spinat und den Vanilleextrakt zur Milch und pürieren Sie alles kurz. Dann geben Sie die restlichen Zutaten dazu und pürieren alles auf hoher Stufe glatt.
- Sofort servieren.

Variation:

Für etwas mehr Konsistenz können Sie eine Tasse Haferflocken oder Quinoa dazugeben. Eine halbe Tasse Wasser oder Eis hingegen macht den Smoothie weniger dickflüssig und erfrischend.

## Spinat-Joghurt-Smoothie

Portion: 2 Gläser

Zutaten

- Eine Tasse Eiswürfel
- Eine Drittel Tasse Joghurt
- Eine halbe Tasse in Scheibchen geschnittene Banane
- Eine grosse Orange
- Eine Drittel Tasse Erdbeeren
- Zwei Tassen Spinatblätter, klein gehackt

Zubereitung

- Schälen Sie die Orange und entfernen Sie die Kerne. Geben Sie alle Zutaten in den Mixer.
- Glatt pürieren und sofort servieren.

Variation

Die Erdbeeren können Sie nach Belieben durch andere Beeren ersetzen.

Smoothie Pluspunkt:

Dieser Smoothie ist ideal zum Frühstück, da Sie durch die frischen Früchte richtig in Schwung gebracht werden.

## Zitronensmoothie

Portion: 1 Glas

Zutaten

- Ein Teelöffel  Zitronenschale
- Zwei Esslöffel Zitronensaft
- Vier oder fünf Eiswürfel
- Eine Tasse pflanzliche Milch
- Ein viertel Teelöffel Vanilleextrakt
- One getrocknete Dattel
- Zwei Tassen klein gehackte Spinatblätter
- Eine Tasse in Scheibchen geschnittene Banane
- Ein Esslöffel Sonnenblumen-Butter

Zubereitung

- Geben Sie die Zutaten langsam nacheinander in den Mixer und pürieren Sie sie glatt.
- Sofort servieren.

Variation

Die Zitrone kann durch Erdbeeren ersetzt werden.

## Mango-Smoothie mit grünem Tee

Portion: 1 Glas

Zutaten

- Eine Tasse Eiswürfel
- Eine halbe Tasse natürlicher Joghurt, fettarm
- Ein Esslöffel Honig
- Eine halbe Tasse frisch zubereiteter grüner Tee
- Eine halbe Tasse in Scheibchen geschnittene Mango
- Eine halbe Tasse Spinat

Zubereitung

- Tee und Joghurt als erstes in den Mixer geben, dann die anderen Zutaten nacheinander zufügen.
- Auf langsamer Stufe glatt pürieren.
- Kurz kalt stellen oder sofort servieren.

Variation

Um den Geschmack insgesamt zu verstärken kann z. B. Fruchtjoghurt verwendet werden.

Smoothie Pluspunkt:

Der grüne Tee macht diesen Smoothie einzigartig. Grüner Tee regt den Stoffwechsel und somit auch die Fettverbrennung an.

## Smoothie süßsauer

Portion: 2 Gläser

Zutaten

- Eine Tasse Wasser
- Eine halbe Tasse getrocknete Aprikosen
- Eine halbe Tasse pflanzliche Milch
- Eine viertel Tasse Brokkoli
- Eine viertel Tasse Blumenkohl
- Eine halbe Pink Grapefruit
- Ein halber Teelöffel Leinsamen
- Ein halber Teelöffel Mandeln
- Zwei Esslöffel getrocknete Datteln ohne Kern

Zubereitung

- Geben Sie Blumenkohl, Grapefruit und Brokkoli in das Wasser. Im Mixer gut mischen.
- Geben Sie die restlichen Zutaten hinzu und pürieren Sie alles bis zu der von Ihnen gewünschten Konsistenz.

Variation

Nicht alle mögen den Geschmack von Grapefruit. Sie können auch Orangen nehmen und ein bisschen mehr Wasser dazugießen, wenn Ihnen die Konsistenz zu dickflüssig ist.

## Smoothie mit Ananas, Kokosnuss und Spinat

Portion: 1 Glas

Zutaten

- Eine halbe Tasse Wasser
- Eine halbe Tasse Eiswürfel
- Eine viertel Tasse Kokosnussmilch
- Eine Tasse Spinat (klein gehackt)
- Zwei Tassen Ananasstücke

Zubereitung

- Geben Sie zuerst Kokosnussmilch und Wasser in den Mixer.
- Fügen Sie die restlichen Zutaten hinzu und pürieren Sie alles gründlich.
- Gekühlt servieren.

Variation:

Für einen gehaltvolleren Smoothie können Sie die Kokosnussmilch durch getrocknetes Kokosnussfleisch ersetzen. Statt Spinat schmeckt auch Salat gut.

## Salat Punsch

Portion: 1 Glas

Zutaten

- Eine halbe Tasse Eiswürfel
- Eine halbe Tasse pflanzliche Milch
- Eine halbe Tasse frische Erdbeeren
- Ein halber Apfel (klein geschnitten)
- Eine viertel Tasse getrocknete Aprikosen
- Ein Esslöffel Leinsamen (gemahlen)
- Eine Tasse klein gehackter Romanasalat
- Eine halbe Banane, in Scheiben geschnitten

Zubereitung

- Fangen Sie an, Milch, Erdbeeren und Salat zu pürieren.
- Dann geben Sie die restlichen Zutaten dazu- die Eiswürfel zuletzt.
- Sofort gekühlt servieren.

Variation:

Eine Tasse Haferflocken für ein stärkeres Sättigungsgefühl.

Smoothie Pluspunkt:

Romanasalat ist voll mit Betakarotin, welches gut für das Herz ist und Herzkrankheiten vorbeugt.

## Bananen-Karamel-Smoothie

Portion: 1 Glas

Zutaten:

- Eine halbe Tasse pflanzliche Milch
- Eine halbe Tasse Kokosnussmilch
- Eine Tasse in Scheibchen geschnittene Bananen
- Eine Tasse klein gehackter Spinat
- Ein Esslöffel Walnüsse
- Ein Esslöffel Karamellsirup

Zubereitung

- Geben Sie beide Milchsorten mit dem Spinat in den Mixer und pürieren Sie alles kurz.
- Fügen Sie die restlichen Zutaten hinzu und pürieren Sie die Mischung glatt.
- Gekühlt servieren.

Variation:

Eine halbe Tasse Eis, zum Schluss mitpüriert, gibt dem Smoothie einen erfrischenden Charakter.

# Sattmacher Smoothies

Sie suchen Smoothies, die Sie satt machen? Dann werfen Sie einen Blick auf die nächsten Rezepte. Sie sind ideal, um eine komplette Mahlzeit durch einen Smoothie zu ersetzen.

## Müsli Smoothie

Portion: 1 Glas

Zutaten

- Eine viertel Tasse entsteinte Datteln
- Eine halbe Tasse Wasser
- Eine halbe Tasse pflanzliche Milch
- Eine halbe Tasse in Scheibchen geschnittene Banane
- Eine halbe Tasse Romanasalat
- Eine halbe Tasse in Stücke geschnittene Mango
- Eine halbe Tasse Müsli
- Ein Esslöffel Sesamsamen

Zubereitung

- Geben Sie Wasser, Müsli, Milch und Salat in den Mixer und pürieren Sie kurz.
- Geben Sie die restlichen Zutaten hinzu und pürieren Sie alles glatt.
- Gekühlt servieren.

Variation:

Ersetzen Sie ein wenig Wasser durch Eiswürfel, wenn Sie Ihren Smoothie kühl mögen.

Smoothie Pluspunkt:

Müsli ist ein perfekter Ersatz für Haferflocken, da es einen anderen Eigengeschmack mitbringt. Smoothies mit Müsli eignen Sich besonders als Frühstück.

## Eis mit Pistaziengeschmack

Portion: 2 Gläser

Zutaten

- Eine halbe Tasse ungesalzene Cashewkerne
- Eine halbe Tasse Wasser
- Ein halber Teelöffel klein gehackter Ingwer
- Ein Teelöffel Vanilleextrakt
- Eine Tasse Grünkohlblätter
- Zwei Tassen in Scheibchen geschnittene Banane
- Zwei Tassen Eiswürfel
- Eine Prise Salz (optional)

Zubereitung

- Schütten Sie das Wasser in den Mixer und geben Sie nacheinander die anderen Zutaten dazu. Das Eis zuletzt.
- Glatt pürieren.
- Gekühlt servieren.

Variation:

Sie können die Bananen weglassen und statt dessen Chiasamen nehmen, wenn Sie das bevorzugen. Lassen Sie die Samen über Nacht in Wasser einweichen.

Smoothie Pluspunkt:

Die ungewöhnliche Kombination aus Zutaten erinnert an Eis mit Pistaziengeschmack. Es ist reich an Ballaststoffen und enthält das Spurenelement Mangan.

X

## Haferflocken und Erdbeeren

Portion: 1 Glas

Zutaten

- Eine halbe Tasse Eiswürfel
- Eine halbe Tasse Wasser
- Eine halbe Tasse Haferflocken
- Eine halbe Tasse Erdbeeren
- Ein Esslöffel Kürbiskerne
- Eine Stange Sellerie

Zubereitung

- Schneiden Sie den Sellerie in kleine Stücke, damit er sich besser pürieren lässt.
- Geben Sie erst das Wasser, dann die restlichen Zutaten (das Eis zuletzt) in den Mixer.
- Glatt pürieren.
- Sofort servieren.

Variation:

Ananasstücke geben dem Smoothie noch mehr Geschmack, aber auch mehr Süße, was nicht jedermanns Sache ist. Probieren Sie es aus!

## Blauer Smoothie mit Brokkoli und Beeren

Portion: 1 Glas

Zutaten

- Eine halbe Tasse Wasser
- Eine halbe Tasse Eiswürfel
- Eine halbe Tasse klein gehackter Brokkoli
- Eine halbe Tasse Blaubeeren
- Eine halbe Tasse Bananenstücke
- Eine halbe Tasse Haferflocken
- Eine halbe Tasse pflanzliche Milch
- Ein Esslöffel Sonnenblumenkerne

Zubereitung

- Geben Sie Wasser, Brokkoli und Haferflocken in den Mixer und pürieren Sie alles auf hoher Stufe glatt.
- Fügen Sie die restlichen Zutaten hinzu (das Eis zuletzt) und pürieren Sie erneut.
- Sofort servieren, damit der Smoothie noch kalt ist.

Variation:

Getrocknete Früchte (z. B. Rosinen) geben dem Smoothie mehr Konsistenz und machen ihn so sättigender. Eine viertel Tasse reicht aus.

Smoothie Pluspunkt:

Blaubeeren sind reich an Antioxidantien, die den Alterungsprozess verlangsamen und das Krebsrisiko verringern.

## Smoothies als Mahlzeitenersatz

Die nächsten Rezepte sind extreme sättigend und passen daher ideal zu einer Diät. Sie sollten jedoch nicht alle Mahlzeiten durch Smoothies ersetzen, sondern maximal zwei. Es ist empfehlenswert, mit einem Smoothie als Mahlzeitenersatz anzufangen.

## Smoothies zum Frühstück

### Proteinreicher Smoothie

Portion: 1 Glas

Zutaten

- Eine halbe Tasse Eiweißpulver mit Schokoladengeschmack
- Eine Tasse Eiswürfel
- Eine kleine Banane
- Ein Esslöffel Mesquitepulver
- Ein Esslöffel Ginsengextrakt
- Zwei Esslöffel Granola (amerik. Knuspermüsli)

Zubereitung

- Vermischen Sie alle Zutaten in Pulverform miteinander.
- Mixen Sie Eis und Banane im Mixer.
- Geben Sie die Pulvermischung dazu und pürieren Sie alles glatt.
- Streuen Sie Granola über den fertigen Smoothie.

Smoothie Pluspunkt:

Dieser Smoothie ist reich an Proteinen und hilft dadurch, dem Muskelabbau während der Aufwachphase vorzubeugen. Er eignet sich daher hervorragend für Athleten, die fürchten, während des Fastens Muskeln abzubauen.

## Wach auf! Smoothie

Portion: 1 Glas

Zutaten

- Eine viertel Tasse Eiweißpulver mit Vanillegeschmack
- Eine Tasse Erdbeeren
- Eine Tasse pflanzliche Milch
- Eine klein geschnittene Banane
- Sechs Eiswürfel

Zubereitung

- Geben Sie erst Milch und Früchte, dann das Eis und zum Schluss Eiweißpulver unter Rühren in den Mixer.
- Pürieren Sie alles zu einer geschmeidigen Konsistenz.
- Sofort servieren.

## Kaffee-Smoothie

Portion: 1 Glas

Zutaten

- Eine Tasse gekühlter Kaffee
- Eine klein geschnittene Banane
- Eine viertel Tasse Eiweißpulver mit Schokoladengeschmack
- Eine halbe Tasse pflanzliche Milch
- Sechs Eiswürfel

Zubereitung

- Geben Sie die flüssigen Zutaten mit der Banane in den Mixer und fangen Sie mit dem Pürieren an.
- Fügen Sie die restlichen Zutaten hinzu und pürieren Sie alles glatt.
- Gekühlt servieren.

Smoothie Pluspunkt:

Dieser Smoothie ist genau richtig für Koffeinjunkies, die nicht auf ihre Tasse Kaffee am Morgen verzichten möchten. Oder für Tage, an denen Sie sich generell schlapp und müde fühlen.

## Ein Hoch auf Ihre Gesundheit!

Portion: 2 Gläser

Zutaten

- Eine Tasse klein gehackter Spinat
- Zwei Tassen pflanzliche Milch
- Ein klein gehackter Apfel
- Eine halbe Tasse Eiweißpulver mit Vanillegeschmack
- Eine halbe Tasse Eiswürfel
- Eine Tasse Blaubeeren oder Erdbeeren

Zubereitung

- Mischen Sie alles außer Eiweißpulver und Eis im Mixer zusammen.
- Geben Sie dann die restlichen zwei Zutaten dazu und pürieren Sie alles glatt.
- Gekühlt servieren.

## Smoothies zum Mittagessen oder Abendbrot

Diese Smoothies können Sie mittags oder abends trinken, je nach Geschmack und Zeitplan.

### Avocado zum Mittag

Portion: 2 Gläser

Zutaten

- Eine Tasse Eiswürfel
- Das Fruchtfleisch einer großen Avocado
- Drei Tassen pflanzliche Milch
- Vier Esslöffel Honig

Zubereitung

- Vermischen Sie alle Zutaten (außer dem Honig) im Mixer.
- Geben Sie löffelweise bis zu vier Löffel Honig dazu, bis Sie die gewünschte Süße erreicht haben.
- Sofort servieren.

Smoothie Pluspunkt:

Avocados sind sehr sättigend und reich an gesunden Fettsäuren.

## Salat Smoothie

Portion: 1 Glas

Zutaten

- Eine große, reife Tomate
- Eine große Gurke, klein geschnitten
- Eine Tasse klein gehackter Spinat
- Zwei Selleriestangen
- Eine halbe Tasse Wasser

Zubereitung

- Geben Sie erst das Wasser in den Mixer und dann die restlichen Zutaten.
- Glatt pürieren.

Variation:

Damit der Smoothie cremig bleibt, können Sie eine halbe Avocado hinzufügen.

## Das Stoffwechselwunder

Portion: 2 Gläser

Zutaten

- Eine Tasse Wasser
- Eineinhalb Tassen Eiswürfel
- Eine Tasse Zitronensaft
- Zwei Esslöffel Mariendistelsamen (gemahlen)
- Eine viertel Tasse Goji Beeren

Zubereitung

- Lassen Sie die Mariendistelsamen über Nacht in Wasser einweichen.
- Zerkleinern Sie die Beeren im Mixer.
- Geben Sie die eingeweichten Beeren, den Zitronensaft und das Eis dazu.
- Pürieren Sie alles solange, bis Sie eine geschmeidige Masse erhalten.
- Sofort servieren.

Smoothie Pluspunkt:

Mariendistel ist eines der besten Mittel, um die Leber zu entgiften. Dieser Smoothie eignet sich ganz besonders als Ergänzung zu einer Fastenkur.

## Vitamin-Smoothie

Portion: 2 Gläser

Zutaten

- Eine Tasse Wasser
- Saft einer Limette
- Zwei klein gehackte Tomaten
- Eine klein geschnittene Stange Sellerie
- Eine klein gehackte Knoblauchzehe
- Ein Viertel einer roten Paprika, klein geschnitten
- Fünf Grünkohlblätter
- Eine viertel Tasse Dill
- Eine klein geschnittene Karotte

Zubereitung

- Geben Sie zuerst das Wasser, dann nacheinander die verbleibenden Zutaten in den Mixer.
- Pürieren Sie alles glatt.
- Gekühlt servieren und als Suppe bei Raumtemperatur.

Smoothie Pluspunkt:

Dieser Smoothie ein perfekter Mahlzeitenersatz, da er sehr kalorienarm, aber dennoch sättigend ist. Tomaten sind reich an natürlichem Leukopin, welches sehr wichtig für die Gesundheit der Prostata ist.

# Smoothies für Obstfreunde

Wenn Sie Ihr Gemüse einmal über haben, dann spricht nichts dagegen, dass Sie sich auch mal einen reinen Obst-Smoothie gönnen. Denken Sie jedoch daran, dass diese Smoothies einen höheren Zuckergehalt haben. Als Ausgleich liefern Sie jedoch einen Schwung Vitamine und Antioxidantien. Ihre Gesundheit wird es Ihnen danken!

## Apfel-Beeren-Smoothie

Portion: 1 Glas

- Ein großer Apfel, klein geschnitten und mit Schale
- Eine halbe Tasse Beeren (Erdbeeren, Blaubeeren oder Brombeeren)
- Zwei Bananen, klein geschnitten
- Eine zu zwei Dritteln gefüllte Tasse mit Apfelsaft
- Drei Esslöffel Joghurt

Zubereitung

- Geben Sie erst den Saft, dann die anderen Zutaten in den Mixer und pürieren Sie alles glatt.
- Sofort servieren oder einige Minuten im Kühlschrank kalt stellen.

## Himmlische Orangencreme

Portion: 1 Glas

Zutaten

- Eine Tasse fettfreie Milch
- Sechs Eiswürfel
- Eine Orange, geschält und in Stücke geschnitten
- Eine Banane (klein gehackte und tiefgekühlt)
- Eine viertel Tasse Eiweißpulver mit Vanillegeschmack

Zubereitung

- Geben Sie die Zutaten in der oben aufgeführten Reihenfolge in den Mixer.
- Glatt pürieren.
- Sofort servieren.

## Wunderbarer Wassermelonensmoothie

Portion: 1 Glas

Zutaten

- Eine Tasse pflanzliche Milch
- Sechs Eiswürfel
- Eine halbe Banane (tiefgekühlt und klein gehackt)
- Zwei Tassen klein geschnittene Wassermelone ohne Kerne
- Saft einer halben Zitrone
- Eine viertel Tasse Eiweißpulver mit Vanillegeschmack

Zubereitung

- Beginnen Sie, Milch und Banane im Mixer zu vermischen.
- Geben Sie nacheinander die anderen Zutaten hinzu und pürieren Sie sie glatt.
- Sofort servieren oder im Kühlschrank kalt stellen.

Smoothie Pluspunkt:

Wassermelone ist reich an der Aminosäure Citrullin. Citrullin fördert die Bildung von Stickstoffmonoxid im Körper, welches die Blutgefäße entlastet und den Fluss des Blutes verbessert.

# Smoothies zum Nachtisch

Versuchen Sie, dem leckeren Stück Käsekuchen zum Nachtisch zu widerstehen? Mit diesen Smoothies bringen Sie auch die größte Naschkatze zum Schnurren!

## Beeriger Schokoladen-Smoothie

Portion: 2 Gläser

Zutaten

- Eineinhalb Tassen pflanzliche Milch
- Eine tiefgekühlte und klein geschnittene Banane
- Eine Tasse Vanillejoghurt
- Eine Tasse gemischte Beeren
- Ein Esslöffel Kakaopulver
- Ein Esslöffel gemahlener Kaffee
- Eine viertel Tasse Eiweißpulver mit Vanillegeschmack

Zubereitung

- Mischen Sie die Zutaten in Pulverform in einer Schüssel zusammen.
- Geben Sie zuerst die Milch in den Mixer, dann die Mischung aus der Schüssel und zum Schluss die restlichen Zutaten.
- Glatt pürieren.
- Sofort servieren.

## Vanillewaffeln

Portion: 2 Gläser

Zutaten:

- Eine Tasse Wasser
- Eine tiefgekühlte und klein geschnittene Banane
- Ein viertel Teelöffel Vanilleextrakt
- Eine viertel Tasse Macadamianüsse
- Ein halber Teelöffel MACA Pulver (optional)
- Zwei Esslöffel Honig
- Eine viertel Tasse Eiweißpulver
- Eine Prise Salz

Zubereitung

- Geben Sie erst Wasser, dann die übrigen Zutaten nacheinander in den Mixer.
- Glatt pürieren.
- Sofort gekühlt servieren.

Smoothie Pluspunkt:

Die MACA Wurzel wird auch peruanischer Ginseng genannt und ist eir effektiver Muntermacher. Geben Sie Acht bei diesem Smoothie- die MACA Wurzel gilt als natürliches Aphrodisiakum!

## Bananen-Erdnussbutter-Smoothie

Portion: 1 Glas

Zutaten:

- Eineinhalb Tassen pflanzliche Milch
- Eineinhalb Tassen Vanillejoghurt oder pflanzliche Eiscreme
- Zwei Bananen, tiefgekühlt und klein geschnitten
- Ein Esslöffel Kakaopulver
- Eineinhalb Esslöffel Erdnussbutter

Zubereitung

- Beginnen Sie damit, Milch, Joghurt (oder Eiscreme) und Bananen im Mixer zu vermischen.
- Geben Sie Erdnussbutter und Kakao dazu und pürieren Sie alles glatt.
- Sofort servieren oder kurz im Kühlschrank kalt stellen.

CPSIA information can be obtained at www.ICGtesting.com
Printed in the USA
LVOW01s1558110514

385319LV00017B/990/P

9 781492 872009